L'école Maris décerne à Hugues Rénosi

les prix de sciences naturelles
de rédaction
de courtoisie
d'approfondissement paisible du caractère féminin

pour l'année 2010-2011

Le Désert

raconté aux enfants

Écriture visuelle : Benoît Nacci
Mise en page : Lucile Jouret
Photogravure : MCP

Connectez-vous sur :
www.lamartiniere.fr

Le Désert
raconté aux enfants

Photographies de Philippe Bourseiller

Textes :
Catherine Guigon

Illustrations :
Virginie Van den Bogaert

De La Martinière
Jeunesse

Sommaire

Comment Philippe a travaillé...

Le plus grand désert du monde ne se laisse pas photographier d'un coup, d'un seul... Il aura fallu quatre ans de travail et vingt-cinq voyages pour que Philippe boucle son tour du Sahara après avoir parcouru environ 70 000 km de pistes et essuyé quelques tempêtes de sable !

Par nature, Philippe est amoureux des grands espaces et des paysages imposants. Il a déjà arpenté bien des régions du globe hérissées de volcans ou couvertes par les glaces. Le Sahara, façonné de pierres et de sable sur quelque 10 millions de km^2, ne pouvait qu'attiser sa passion. Il le découvre en 1984 au cours d'un reportage sur le rallye Paris-Dakar, où il manque se perdre dans les dunes. C'est là qu'il apprend à lire les cartes pour s'orienter au milieu de nulle part. Il y retourne ensuite par hasard, comme s'il tâtait le terrain avant de se lancer en 2001 dans la grande aventure. Son projet ? Sillonner le désert du nord au sud et d'est en ouest, traverser une dizaine de pays et séjourner chaque fois entre trois et six semaines pour saisir l'instant magique, la lumière idéale dans les plus beaux endroits du Sahara...

Philippe voyage en autonomie complète, avec seulement un guide et parfois un cuisinier. Il circule en 4x4, sauf sur le fleuve Niger, où il a pris des pirogues. Il a aussi embarqué sur des felouques, des bateaux légers munis de grandes voiles propres à la navigation sur le Nil, en Égypte. À terre, le véhicule transporte tout le ravitaillement, des fûts de 200 litres d'essence, des bidons d'eau potable, des pâtes et du riz. Pour le reste, le photographe espère acheter des légumes frais dans les oasis.

Pareilles expéditions se préparent en détail. Philippe ne voyage qu'en hiver au Sahara, d'octobre à mars. Il y fait moins chaud, la lumière est plus belle, le ciel très pur et les vents de sable assez rares. Il a pourtant connu des températures de 45 °C au Soudan et des nuits glaciales, à – 8 °C dans le Hoggar, en Algérie. Alors Philippe s'équipe en conséquence : des pantalons de toile, un coupe-vent, une fourrure polaire sans oublier les lunettes de soleil, indispensables ! Il range son matériel dans un sac soigneusement fermé, mettant appareils et pellicules à l'abri du sable, si fin qu'il s'infiltre partout.

Trois jours de route sont parfois nécessaires pour atteindre un site. Une fois sur place, Philippe laisse son guide installer le campement. Il part à pied repérer les lieux, puis il attend les belles lumières du soir, au coucher du soleil, pour utiliser ses objectifs. Le lendemain, il est debout bien avant l'aube pour être à pied d'œuvre quand le jour se lève.

Philippe aime la solitude, mais il n'est pas devenu un ermite taciturne. Il a rencontré les peuples du désert, souvent des nomades se déplaçant avec leurs troupeaux. Il a su communiquer avec eux, parfois par gestes faute de parler leur langue. Il a découvert leur hospitalité, leur simplicité et il s'est fait des amis.

Le Sahara

Le climat du Sahara :
Le climat désertique du Sahara se définit par des températures de l'air élevées (40 °C et plus) et un important déficit en eau. Le soleil y brille plus de 3 400 heures par an (contre 1 700 à Paris) et les pluies fournissent moins de 250 mm d'eau dans l'année. Le Sahara est aussi balayé par des vents chauds, comme l'harmattan et le sirocco.

Le relief du Sahara :
Contrairement aux idées reçues, les étendues de sable ou « ergs » n'occupent qu'un quart de la surface totale du Sahara (10 millions de km^2). Le désert est souvent constitué d'immensités de pierrailles ou « regs ». Le Sahara abrite aussi d'importants reliefs montagneux, qui forment son épine dorsale. D'ouest en est, se dressent les massifs du Hoggar (qui culmine à 2 908 m au mont Tahat), de l'Aïr (2 202 m au mont Bagzane), du Tibesti (3 415 m à l'Emi Koussi) et de l'Ennedi (1 450 m au mont Basso).

Les peuples du Sahara :
Malgré les conditions climatiques difficiles, des peuples musulmans vivent au Sahara. Les Maures (en Mauritanie), les Touaregs (en Algérie, au Niger, au Mali) et les Toubous (au Tchad) se partagent le désert. Nomades, ils parcourent de grandes distances avec leurs chameaux pour trouver de l'eau, mais aussi pour transporter des marchandises en caravane. Au sud, dans la zone semi-désertique appelée Sahel, vivent les Peuls Bororos. Ils sont éleveurs et accompagnent leurs troupeaux pour trouver des pâturages à la saison des pluies.

La faune du Sahara :
Toutes sortes d'animaux se sont acclimatés au Sahara. Serpents et scorpions sont les plus nombreux, car les mieux adaptés à la chaleur. On y trouve aussi des mammifères, comme la gazelle, l'antilope addax ou le fennec, un petit renard des sables. Les montagnes du Tibesti, où les températures sont plus fraîches avec l'altitude, hébergent des singes. Dans le ciel, volent des alouettes et des traquets à tête blanche. Ils nichent dans les oasis, où ils trouvent assez d'eau pour survivre.

La flore du Sahara :
La végétation est rare dans le désert, car l'aridité ne permet pas aux plantes de s'épanouir. Mais leurs graines cachées dans le sol profitent de la moindre pluie pour germer. Les scientifiques ont ainsi recensé 600 espèces de plantes à fleurs dans le Tibesti, au Tchad, contre 7 seulement dans la région du Tanezrouft, en Mauritanie. Quelques arbres poussent également, comme le tamaris et l'acacia.

OASIS
FLEUVES
RÉGION
Où VIVENT
LES MAURES
ALGÉRIE NOMS DE PAYS
VILLES
PRINCIPALES
MONTAGNES
RÉGION
Où VIVENT
LES TOUAREGS
RÉGION
Où VIVENT
LES TOUBOUS
ITALIE
GRÈCE
TURQUIE
MER
MÉDITERRANÉE
Algeer
Tunis
TUNISIE
Atlas Saharien
Laghouat
Gabès
Tripoli
Canal
de Suez
SINAÏ
Ghadamès
Syrte
Le Caire
ALGÉRIE
LIBYE
Désert d'Arabie
Nil
MER ROUGE
Edri
Sebha
Mourzouq
Tazurbu
Désert de Libye
ÉGYPTE
Assouan
Lac
Nasser
TASSILI DES
AJJER
HOGGAR
Al-Jawf
TIBESTI
Trou au
Natron
Djado
UAREGS
Selima
Désert de
Nubie
Oasis de
Merga
TOUBOUS
Arbre
Ténéré
Nil bleu
NIGER
TCHAD
Basso
Khartoum
Lac
Tchad
Al-Junaynah
SOUDAN
Massif
Guéra
N'Djamena
Nil blanc
NIGERIA
Bénoué
Abuja
RÉPUBLIQUE
CENTRAFRICAINE
orto Novo
Niger
CAMEROUN
Bangui

Visages du Sahara.

Le désert dresse à perte de vue ses donjons de pierre et ses dunes de sable. C'est un univers stérile, brûlé par le soleil et hostile à l'homme. Sauf s'il y a de l'eau, comme ici dans l'Ennedi, où des palmiers annoncent une oasis.

Le Sahara est le plus grand désert du monde : 10 millions de kilomètres carrés, c'est-à-dire presque vingt fois la surface de la France ! Situé en zone tropicale, il dessine une longue bande aride à travers le continent africain. En partant de l'océan Atlantique, à l'ouest, pour rejoindre la mer Rouge, à l'est, il traverse une dizaine de pays : la Mauritanie, le Maroc, l'Algérie, le Mali, le Niger, la Libye, la Tunisie, le Tchad, le Soudan et l'Égypte.

Comme tous les déserts du monde, le Sahara manque d'eau. Les pluies y sont rares, parfois inexistantes. La sécheresse et la violence du soleil, avec des températures dépassant 40 °C, interdisent presque toute forme de vie. Seuls la pierre et le sable s'y déploient en paysages spectaculaires, d'une grande beauté. Certaines régions sont moins arides, notamment au Niger, arrosé par le fleuve du même nom, et en Égypte, où coule le Nil.

Des hommes réussissent pourtant à vivre au Sahara. Ce sont souvent des nomades, comme les Touaregs ou les Toubous, qui se déplacent de puits en puits, à dos de chameau, pour trouver des moyens de subsistance. D'autres, semi-sédentaires comme les Peuls Bororos, élèvent d'importants troupeaux de bovins. Ils ont apprivoisé le désert et appris à profiter de la saison des pluies pour trouver de nouveaux pâturages.

Les immensités de dunes, appelées "ergs", ne constituent qu'une petite partie du Sahara.

Jour de fête chez les Touaregs.

Pour participer à la fête de Tafsit, à Tamanrasset, les Touaregs, revêtus de leurs plus beaux atours, viennent de tous les horizons : l'Algérie, le Mali, le Niger ou le Tchad. Ils sont environ 400 000 à vivre encore en nomades.

Chez les Touaregs, aucun homme ne se montre en public à visage découvert. C'est une question d'éducation qui ne concerne que les garçons. Pour eux, porter le voile est un signe de politesse et de respect, surtout envers les anciens. L'immense pièce d'étoffe appelée *chèche* ou *taguelmoust* mesure jusqu'à cinq mètres de long et il faut un savoir-faire certain pour la draper en équilibre sur la tête. Ce tissu d'ordinaire noir, blanc ou bordeaux, prend pour les fêtes les couleurs de l'indigo, un colorant naturel bleu foncé aux reflets violets. Confectionnée à base de plantes rares, cette teinture coûte cher. Et elle déteint sur la peau comme du papier carbone ! D'où le surnom d'« hommes bleus » donné autrefois à ces nobles guerriers du désert.

Les femmes en revanche, bien que musulmanes, ne sont jamais obligées de dissimuler leurs traits. Cette exception culturelle dans le monde de l'Islam tient aux traditions des Touaregs, un peuple moins respectueux des préceptes religieux que d'autres. De même, alors que les musulmans peuvent avoir plusieurs femmes, les Touaregs sont monogames. Ils n'ont qu'une seule épouse et celle-ci s'exprime librement en famille comme en société.

Bijoux touaregs traditionnels en argent.

S'adapter au climat.

Comme il semble petit et vulnérable, ce corbeau posé sur la crête d'une dune. Ne va-t-il pas mourir de soif ? Certainement pas. Des oiseaux, des reptiles, des insectes et quelques mammifères se sont adaptés à la fournaise du Sahara. Les gazelles, par exemple, se contentent de très peu d'eau.

Le corbeau est un drôle d'oiseau. Il est partout chez lui, sous des climats tempérés, mais aussi dans le désert où la chaleur ne lui fait pas peur. Il réussit toujours, même dans une région de dunes que l'on appelle un « erg » (ici, celui de Mourzouk, en Libye), à trouver un insecte ou une brindille à se mettre dans le bec. Des rapaces, les vautours et les grands ducs, lui tiennent compagnie. Quant aux passereaux de petite taille, comme le traquet à tête blanche, ils trouvent refuge dans les oasis. D'où l'amitié que les Touaregs portent à cet oiseau, qu'ils surnomment « moula-moula ». Sa présence dans le ciel annonce le prochain point d'eau.

Insectes et reptiles, eux, se protègent du soleil en s'enterrant, le scorpion sous une pierre et le serpent dans le sable. Ils résistent ainsi à des températures de 50 °C et s'alimentent en mangeant les bestioles qu'ils ont la chance d'attraper, de petits rongeurs par exemple pour les serpents.

Certains mammifères s'aventurent également au Sahara. Le fennec, un renard des sables aux grandes oreilles très sensibles lui permettant de repérer ses proies à distance, se cache dans de profonds terriers. Et la gracieuse gazelle qui vit en troupeau compte sur la rapidité de sa course pour prendre la fuite.

Les gazelles, autrefois nombreuses, sont aujourd'hui menacées de disparition.

Mort de soif.

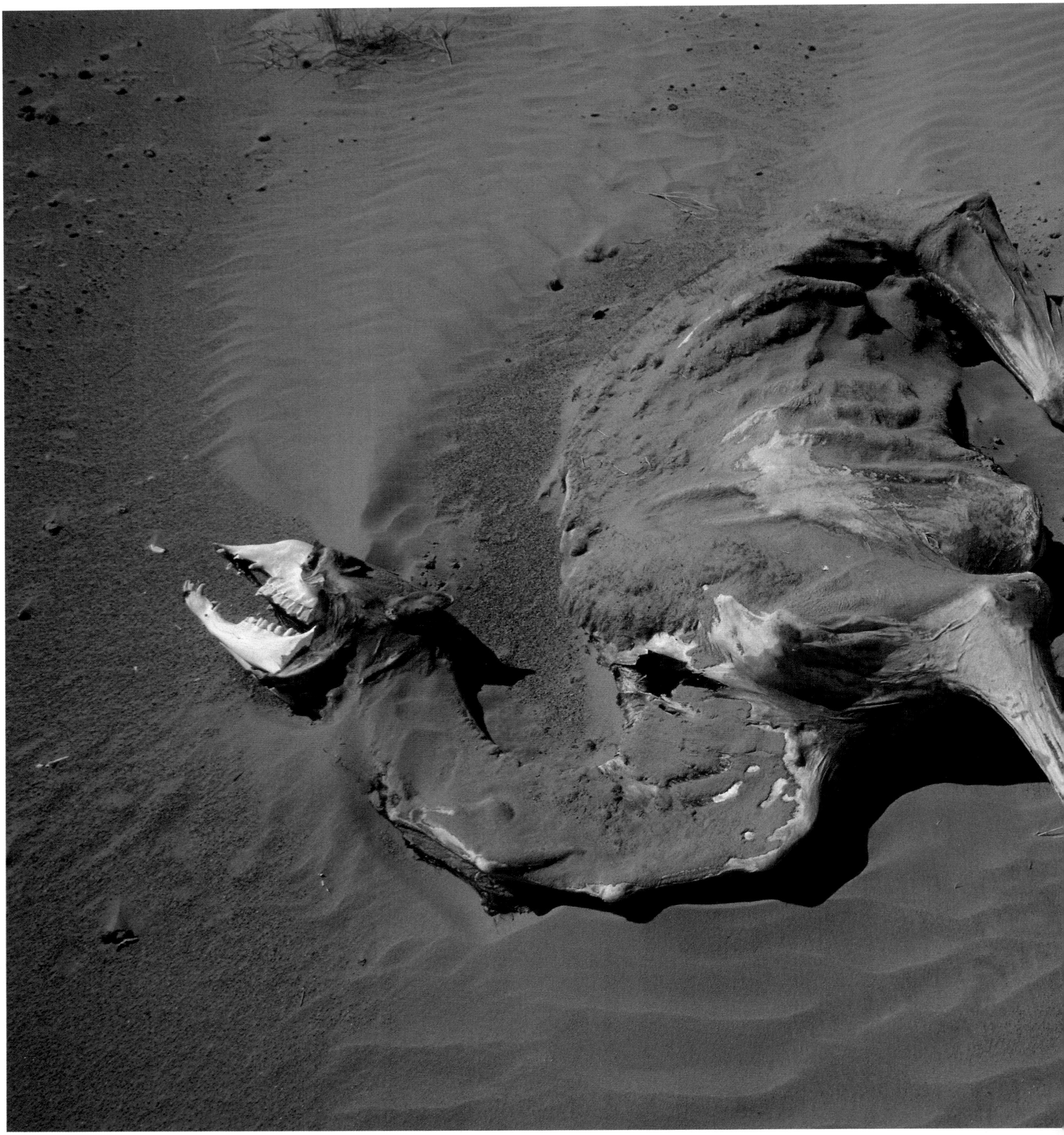

Ce jeune dromadaire n'a pas supporté la chaleur. Il est mort déshydraté, n'ayant plus assez d'eau dans le corps pour tenir sur ses pattes. Ses ossements blanchissent au soleil.

Certaines régions du Sahara sont impitoyables, comme l'Est mauritanien où ce pauvre animal a péri. Le désert du Madjabat-el-Koubra s'étend à cet endroit sur 1 700 kilomètres. On peut y parcourir 900 kilomètres sans rencontrer un puits.

Le célèbre explorateur et naturaliste Théodore Monod est le premier à l'avoir traversé en 1954. Il voyageait seul, avec deux guides, cinq chameaux et quelques provisions. Il se dirigeait à la boussole et ne buvait qu'un demi-litre d'eau par jour, pour économiser les réserves. Son expédition a duré presque deux mois.

Aujourd'hui, les voyageurs qui s'engagent dans le Madjabat-el-Koubra le font encore au péril de leur vie. Même si les nouvelles techniques d'orientation (avec le GPS) et de communications (avec le téléphone par satellite) réduisent les risques, il ne faut jamais négliger l'imprévu. « Le hasard est maître au désert. Et l'on a toujours le hasard contre soi... », dit un proverbe saharien. Alors, prudence !

Dans le désert, l'eau est une denrée précieuse. Elle réunit les nomades autour du puits.

École à ciel ouvert.

Un tableau noir, un morceau de craie, un maître et des élèves attentifs… Il est toujours possible d'apprendre sa géographie. Mais tous les enfants du Sahara n'ont pas la chance d'aller en classe.

L'enseignement est un grand problème dans les régions désertiques. Dans les villages, où les familles sédentarisées vivent sur place, l'école est une institution importante. La classe s'y déroule chaque jour, dans des conditions parfois difficiles. Il n'y a ni tables, ni crayons. Encore moins d'ordinateurs. Mais les enfants réussissent tout de même à étudier leurs leçons.

Certains petits Sahariens ne vont pas à l'école. Ce sont surtout des enfants de nomades qui, par définition, sont toujours en mouvement. Ils grandissent sans apprendre à lire ni à écrire. En revanche, leurs parents leur transmettent beaucoup de connaissances utiles pour affronter le désert, comme le sens de l'orientation, l'art de soigner les bêtes ou d'économiser l'eau. Cependant, avec la sédentarisation grandissante des nomades, les jeunes illettrés sont de moins en moins nombreux au Sahara.

Pour les enfants nomades du Sahara, aller à l'école est encore difficile.

Formation du Sahara.

Ces pitons rocheux, embrasés par le soleil couchant dans le tassili du Hoggar, ont beaucoup à dire. Ils parlent de géologie et racontent la formation du Sahara. Il a fallu des millions d'années pour qu'ils prennent ces formes torturées.

Il y a 420 millions d'années, le Sahara se trouvait… près du pôle Sud ! Les continents ont ensuite dérivé, s'éloignant lentement les uns des autres. L'Afrique a trouvé sa place actuelle, voilà environ 200 millions d'années.

À l'ère secondaire (– 200 millions d'années à – 70 millions), la mer a plusieurs fois recouvert le Sahara. Elle s'en est progressivement retirée à partir de – 100 millions d'années, laissant place à de gigantesques dépôts de roches « sédimentaires », formées par l'accumulation en couches épaisses de très nombreux coquillages et mollusques. Les roches sédimentaires, des grès ou des calcaires, sont friables, sensibles à l'action de l'eau ou du vent, c'est-à-dire à l'érosion.

Le tassili du Hoggar, un ensemble de hauts plateaux de grès, a subi cette érosion dès l'ère tertiaire (– 70 millions d'années à – 1,5 million) et ce jusqu'à nos jours. Des torrents et des fleuves ont creusé leur lit dans les pierres sédimentaires, puis, avec l'aridité, le vent a pris la relève. Les roches les moins résistantes se sont éboulées, les plus dures sont restées debout. Elles forment aujourd'hui ces pitons solitaires, énormes « monolithes » d'une seule pièce.

L'érosion a sculpté des paysages spectaculaires dans le désert.

Mosquée de Djenné.

Ni briques, ni béton… Cette mosquée, située dans une boucle du fleuve Niger, est construite en terre crue. On peut dire qu'elle a séché au soleil ! L'actuel bâtiment date de 1907.

L'Afrique, et le Sahara avec elle, est devenue progressivement musulmane à partir du XIe siècle. Les Arabes conquérants ont diffusé l'Islam en empruntant la route des caravanes à travers le désert. Chemin faisant, ils établissaient de nouveaux royaumes et fondaient des centres religieux. L'imposante mosquée de Djenné, sans doute érigée dès le XIIIe siècle, en faisait partie. On y conservait les textes sacrés et les manuscrits religieux. On y commentait également les enseignements du prophète Mahomet, consignés dans le Coran.

L'architecture de cette mosquée est exceptionnelle. Elle repose sur quatre-vingt-dix piliers, cachés derrière les murs. Ceux-ci sont hérissés de curieux pieux en bois qui servent de charpente. Ils soutiennent les tours et les minarets. L'ensemble est façonné en terre crue ou « banco ». Il s'agit d'un mélange d'argile, de bouse de vache, de paille et de boue, souple comme de la pâte à modeler qui durcit en séchant au soleil. Le banco est fragile et doit être consolidé tous les ans, surtout après les pluies, rares mais violentes, qui le font fondre.

La mosquée de Djenné a été inscrite au patrimoine mondial de l'Unesco. Cette notoriété permet d'obtenir de l'argent pour entretenir le bâtiment.

Musulmans, de nombreux Sahariens font leur prière cinq fois par jour.

L'art des hommes préhistoriques.

Les gravures et les peintures rupestres du tassili des Ajjer racontent l'histoire des premiers hommes installés au Sahara, voilà des dizaines de milliers d'années. Ils vivaient alors de la chasse et commençaient à domestiquer les animaux.

Au cours de l'ère quaternaire (– 2 millions d'années à – 10 000 ans), le climat du Sahara était moins aride qu'aujourd'hui. Des éléphants, des hippopotames et des bêtes fauves vivaient dans des savanes à présent disparues. Les hommes préhistoriques les chassaient avec des arcs ou des lances. Ils pratiquaient aussi la pêche, la cueillette et l'élevage des bovins.

Nous connaissons leur histoire grâce aux peintures laissées sur les parois rocheuses par les artistes de l'époque. Ceux-ci travaillaient avec des outils rudimentaires. Pour obtenir des couleurs brunes, noires ou blanches, ils réduisaient en poudre les minéraux à leur disposition : du calcaire, des schistes, avant de les diluer dans de l'eau. Ensuite, ils posaient par exemple une main sur le rocher et soufflaient la peinture avec la bouche pour imprimer sa trace. D'autres gravaient avec un silex taillé de belles girafes dans le roc.

Puis le climat a changé. Le Sahara est devenu désertique et cette civilisation préhistorique a disparu. C'est l'explorateur français Henri Lhote qui a découvert, dans les années 1950, ces œuvres oubliées dans le tassili des Ajjer.

Les hommes préhistoriques du Sahara étaient de véritables artistes !

Miracle de la pluie dans les plaines de Temet.

L'orage est passé, détrempant la terre assoiffée. En quelques heures, la plaine a reverdi. Les troupeaux mangent à leur faim. La brève saison des pluies, qui ne touche qu'une faible partie du Sahara, ouvre une période d'abondance.

Quelques averses, à la saison des pluies, en juillet et en août, suffisent à faire reverdir les pâturages dans la région du Ténéré. Une fois par an, l'herbe y pousse comme par miracle. En vérité, quantité de graines, cachées dans la terre, attendaient ce moment. Parmi elles, de nombreuses fleurs éphémères, aux couleurs vives, qui s'ouvrent rapidement et se fanent presque aussi vite. Les scientifiques en ont recensé 2 800 espèces différentes.

Les pâturages d'après la pluie sont appelés « acheb ». Pour les Sahariens, c'est un don du ciel et les bergers du Niger en profitent pour conduire leurs troupeaux vers de nouveaux herbages, qui reverdissent alors plus au nord. Cette période de vaches grasses est, hélas, de courte durée. Dans six ou huit semaines, l'herbe commencera à jaunir et les mares seront sèches. Le désert aura repris ses droits. Mais tous les animaux, les oiseaux, les dromadaires, les gazelles, en auront bien profité.

Il arrive aussi que la pluie ne soit pas au rendez-vous. Au cours des dernières décennies, de terribles sécheresses ont frappé le Niger et le Mali, condamnant hommes et bêtes à la famine.

Quelques fleurs attendent la pluie pour s'épanouir dans les sables.

Des bovins pour toute fortune.

Ces vaches ont fière allure avec leurs cornes évasées en forme de lyre ! Elles appartiennent à la race « Bororodji ». Ce nom désigne aussi leurs propriétaires, les Peuls Bororos, dont elles sont la seule richesse.

Les Peuls Bororos possèdent des chèvres et des chameaux, mais ils s'intéressent tout particulièrement à leurs vaches. C'est la tradition. Depuis toujours, ces 40 000 bergers du Sud saharien consacrent leur vie au bétail. Leur richesse dépend de la taille du troupeau avec lequel ils se déplacent pour suivre la pluie et trouver de l'herbe fraîche. Les vaches leur fournissent en effet du lait pour se nourrir et des peaux pour se vêtir. Les Bororos sont les seuls à porter des pantalons de cuir dans le désert !

Les femmes prennent soin des bêtes. Elles les traient matin et soir et recueillent le lait dans une calebasse, un récipient en forme de saladier creusé dans un gros fruit. Les enfants les aident. À six ans, ils sont déjà assez grands pour surveiller les troupeaux.

Chez les Peuls, les décisions importantes appartiennent aux hommes. À eux de choisir les bons pâturages et de fixer la meilleure route pour y parvenir. En période de sécheresse, quand l'herbe est rare et les vaches maigres, la moindre erreur d'appréciation peut entraîner une catastrophe, conduisant à la mort.

Traire les vaches est une activité quotidienne pour les Peuls Bororos.

Pays des farouches Toubous.

Toute eau n'est pas bonne à boire. Celles, d'un bleu métallique, du lac Ounianga Kébir sont salées. Elles n'apportent aucune prospérité aux 800 000 Toubous qui vivent au nord du Tchad.

Il y a 100 millions d'années, une mer intérieure s'étendait ici. En s'évaporant sous l'action de la forte chaleur, elle a cédé la place au lac Ounianga Kébir, dont les eaux sont salées et impropres à la culture. Les nomades toubous, originaires des massifs voisins du Tibesti et de l'Ennedi, parcourent cette région déshéritée qui appartient depuis toujours à leur territoire.

Le peuple toubou est considéré par les ethnologues comme l'un des plus anciens d'Afrique. Leur histoire est encore très mal connue, et notamment leurs origines, que certains datent de l'époque paléolithique et de l'*Homo sapiens*. On sait seulement que les Toubous ont toujours vaillamment résisté aux envahisseurs : les Touaregs, leurs voisins et ennemis, mais aussi les Européens pendant les conquêtes coloniales du XIXe siècle. D'où leur réputation de farouches guerriers.

Traditionnellement, les hommes se coiffent d'un turban et s'habillent en blanc. Ils portent une ample chemise, le « boubou », sur des pantalons étroits. Les femmes se drapent avec élégance dans un voile multicolore long de 4 mètres. Les Toubous sont connus pour leur frugalité. Avec une poignée de dattes pour seule nourriture, ils parcourent sans fatigue des distances énormes. Comme tous les nomades, ils tirent leurs ressources de leurs troupeaux.

Les jeunes filles toubous portent aujourd'hui des vêtements colorés.

« Montagnes bleues » d'Izouzaouene.

On dirait du cinéma. Des rochers bleus savamment disposés pour un film de science-fiction, sur une autre planète. Mais ce mystérieux décor est parfaitement naturel.

Partout au Sahara, la nature déploie des trésors d'imagination. Mais au pied du massif de Tagmert, dans l'Aïr, elle a particulièrement soigné la mise en scène. Les rochers bleus, en effet, ne sont pas chose courante. Il s'agit pourtant d'un phénomène naturel, provoqué par la qualité particulière des pierres semées dans ce jardin minéral.

Ce sont des blocs de marbre qui donnent au paysage ces couleurs étonnantes. Le marbre est une roche sédimentaire « métamorphique », c'est-à-dire qu'elle a subi des transformations au cours de son histoire géologique. Elle a, par exemple, été fortement chauffée lors d'une éruption volcanique. C'est le cas ici. En cours de « cuisson », il s'est produit des phénomènes chimiques qui ont créé de magnifiques veines bleues à la surface de la roche… Lorsque la lumière du jour se réfléchit sur ces pierres polies, elle leur donne ces mystérieux reflets.

Les merveilles naturelles de ce type sont nombreuses au Sahara.

Les volcans du Sahara offraient autrefois de formidables feux d'artifice !

Souvenirs de guerre…

Drôle d'endroit pour abandonner un char d'assaut ! Cet engin de l'armée libyenne rouille quelque part au nord du Tchad. Le désert connaît lui aussi des conflits militaires.

C'est toujours la même histoire. Quand un pays veut en conquérir un autre, il trouve un prétexte pour lui déclarer la guerre. Dans les années 1980, la Libye a voulu s'emparer du Tchad. Ses troupes ont franchi la frontière, dans la région du Tibesti. Le conflit a duré des années, jusqu'en 1994, et l'invasion a finalement échoué. En se retirant, les soldats libyens ont abandonné sur place une partie du matériel militaire devenu inutile, comme ce char.

Mais pourquoi attaquer une contrée aussi pauvre ? Simplement parce que le Sahara recèle de fabuleux trésors dans son sous-sol ! On y trouve des gisements souterrains de gaz ou de pétrole (en Algérie, en Libye), des diamants (en Mauritanie), de l'or et d'autres minerais. Ces richesses aiguisent la convoitise des puissances étrangères.

Il arrive aussi que les Sahariens se révoltent contre leurs dirigeants politiques. En 1990, les Touaregs du Niger et du Mali, opprimés par leurs gouvernements respectifs qui les traitaient comme des marginaux (en marge de la société), se sont rebellés.

Juchés sur leur dromadaire, les guerriers touaregs ont fière allure.

Bienheureuse oasis sur le lac d'Oum-el-Ma.

La ligne verte tranche sur l'horizon. Palmiers et roseaux poussent au bord de l'eau. Ils tiennent à distance les hautes dunes de l'erg d'Oubari, dans le Fezzan. L'oasis est un havre, un port dans le désert.

L'oasis apparaît tout à coup, encore lointaine. Les nomades pressent le pas. Après des heures épuisantes à marcher dans les dunes, ils savent qu'un moment de repos les attend.

Les habitants des oasis sont réunis par la magie de l'eau. Ils construisent leurs maisons à l'ombre des lauriers-roses et des palmiers-dattiers, formant des villages et exceptionnellement de grosses bourgades (comme Faya-Largeau, 30 000 habitants, au Tchad). Leurs jardins, plantés d'orangers, donnent des fruits parfumés. L'eau circule dans des canaux d'irrigation, permettant de cultiver des tomates, des courgettes et d'autres légumes.

Il arrive que le voyageur, harassé de fatigue, distingue dans le lointain une oasis qui recule à chaque pas. C'est un mirage... Ce phénomène, fréquent au Sahara, s'explique scientifiquement. Lorsque les températures sont très élevées (jusqu'à 70 °C), l'air se met à vibrer. Il brouille le paysage et provoque des illusions d'optique. L'œil croit voir des choses qui, en fait, n'existent pas. Pour l'homme assoiffé, la déception est cruelle.

Véritables havres du désert, les oasis permettent l'existence d'une vie sédentaire.

Redoutable avancée du désert.

Quel capitaine serait assez fou pour ancrer son navire dans les sables ? Le désert ne lui a pas laissé le choix. Sur les côtes de Mauritanie, les dunes font reculer l'océan Atlantique.

Un combat de Titans se déroule sur le littoral mauritanien. D'un côté, l'océan Atlantique jette ses vagues à l'assaut de la terre ; de l'autre côté, le désert lance ses dunes à la conquête des flots. Et – une fois n'est pas coutume ! – c'est la terre qui gagne, obligeant la mer à reculer. D'où ce vieux cargo rouillé, prisonnier des sables à plusieurs centaines de mètres de la côte.

Ce phénomène exceptionnel s'explique ici par la présence des « alizés ». Ces vents d'Est soufflent avec régularité de la terre vers la mer. Ce faisant, ils soulèvent le sable et le portent toujours plus loin, droit devant eux. On dit alors que « les dunes avancent », sur des distances parfois énormes de 10 ou 15 mètres par an…

Mais il ne faut pas croire que le Sahara tout entier soit en mouvement. Seuls les « champs de dunes » au nom évocateur se déplacent sous l'action du vent de manière très localisée.

Dans le désert,
les portes et les fenêtres
des habitations sont
ensevelies sous le sable.

Maîtres de la pêche…

Quel beau lancer ! Les pêcheurs bozos du fleuve Niger excellent dans l'art de manier l'épervier, ce grand filet. Leur savoir-faire se transmet de génération en génération.

Voilà plus de dix siècles que les pêcheurs bozos (musulmans) lancent leurs filets au confluent de la rivière Bani et du Niger. Ils ne sont pas très nombreux, 10 000 peut-être, mais le fleuve leur appartient ! Ils vivaient autrefois en capturant au harpon les hippopotames alors nombreux dans le fleuve. La disparition presque totale de ces animaux les a obligés à se reconvertir pour devenir pêcheurs. Mais ils connaissent si bien leur métier qu'une légende les dit capables « de vivre sous l'eau et de commander aux poissons… » ! On les surnomme aussi « les maîtres de la pêche ».

Les Bozos vivent en famille près de l'eau, dont le niveau varie au gré des crues. Ils fabriquent eux-mêmes leur matériel de pêche. Ils tressent des nasses en osier pour attraper le poisson et taillent leurs pirogues dans des troncs d'arbre. Ils naviguent à la pagaie et s'aident d'une longue perche pour remonter le courant. Debout à la poupe de l'embarcation, les pêcheurs jettent leurs filets d'un geste ample. Ils ramènent environ 45 000 tonnes de poissons par an, parmi les 140 espèces qui peuplent le fleuve Niger, y compris des silures et le savoureux « capitaine » qui peut peser 100 kilos. Les poissons, séchés au soleil, sont ensuite vendus sur le marché local, à Mopti, ou transportés ailleurs en camion.

Les Bozos du Niger pêchent et font sécher les poissons du fleuve.

Ronde des étoiles autour de la Polaire.

Le point blanc, au cœur du ballet céleste, c'est l'étoile Polaire, celle qui indique la direction du nord. Les astres semblent danser autour d'elle, saisis dans leur mouvement par l'objectif du photographe.

Dormir à la belle étoile, dans les plateaux du tassili des Ajjer, est une expérience inoubliable. Des milliers d'astres, bien visibles dans un ciel sans nuages en raison de la sécheresse de l'air, scintillent au firmament. Certaines étoiles, groupées entre elles, forment des constellations. Les astronomes qui observent la Voie lactée leur ont donné des noms évocateurs : la Grande Ours, le Chien, la Croix du Sud…

Les Sahariens, eux aussi, savent lire dans le ciel. Les Touaregs s'orientent par exemple en suivant la constellation d'Orion qu'ils appellent « Amanar », ce qui signifie « le Guide » dans leur langue, le tamahaq.

Pour ces hommes, le crépuscule annonce l'heure paisible du bivouac, quand chacun s'installe pour passer la nuit en plein air. Après leur longue journée de marche, les nomades allument un feu pour cuire la « tagella », une galette de semoule, et boire du thé à la menthe, servi très sucré. Puis ils se préparent au repos.

Une nuit à la belle étoile dans le désert permet aux Européens de passage d'observer la voûte céleste.

Ruines d'une civilisation disparue.

Cette pyramide, ces temples et ces tombeaux ont été construits pendant l'Antiquité. Ils sont à présent à l'abandon, mais ces ruines représentent un trésor archéologique pour le Soudan.

Le royaume de Koush existait dix siècles avant la naissance de Jésus-Christ. Ses souverains étaient de grands bâtisseurs. Ils avaient fondé deux villes dans la haute vallée du Nil, au Soudan. La première s'appelait Napata, la seconde Méroé. La fortune de ces rois excita la jalousie des Égyptiens, leurs voisins. Vers 2 700 av. J.-C., les puissants pharaons partirent à la conquête du pays de Koush.

Les Égyptiens, victorieux, imposèrent leurs lois dans les cités conquises. Ils construisirent des temples pour honorer leurs divinités. Celui de Soleb est dédié à Amon, le dieu-soleil. Les pharaons ont également bâti des pyramides, à Méroé. Ils édifiaient aussi des nécropoles pour enterrer les rois, comme les tombes de Napata ornées de fresques peintes.

Beaucoup plus tard, au Xe siècle, cette région deviendra musulmane. Et les marabouts, qui sont des saints de l'Islam, élèveront à leur tour des monuments funéraires comme ce mausolée, à Dongola.

Les anciens peuples du Nil savaient construire des pyramides.

En attendant la crue fertile…

Ce paysan prépare son champ sur les bords du Nil. Il retourne la terre et dresse des murets. Quand les eaux du fleuve déborderont, elles seront retenues prisonnières et fertiliseront le sol.

Le Nil est le seul fleuve à traverser le Sahara. Il coule du sud au nord sur 6 700 kilomètres et se jette dans la mer Méditerranée. Durant les 3 000 kilomètres qu'il parcourt dans le désert, le Nil perd beaucoup d'eau par évaporation. Mais grâce à ses sources abondantes, situées au cœur de l'Afrique (au Burundi et en Éthiopie) et alimentées par le grand lac Victoria (68 100 kilomètres carrés bordés par l'Ouganda, le Kenya et la Tanzanie), le fleuve conserve un débit toujours suffisant. En été, il connaît même des crues provoquées par les pluies abondantes qui tombent en amont, sous l'Équateur. Pendant quelques semaines, ses eaux, riches en particules fertiles qui forment le limon, débordent et inondent la terre des pays riverains, le Soudan et l'Égypte. Ces inondations reviennent tous les ans. Elles sont vivement attendues par les paysans, qui espèrent ainsi obtenir de bonnes récoltes.

La fertilité du Nil a toujours attiré les hommes sur ces rives verdoyantes, très différentes de l'aridité du désert alentour. Dans l'Antiquité, les Égyptiens ont fondé une très brillante civilisation sur ses rives. À présent, les peuples riverains du fleuve favorisent l'agriculture et comptent aussi sur le tourisme pour se développer.

Chaque année, les crues du Nil fertilisent les terres des paysans égyptiens.

Geste quotidien des femmes.

Ce village sur le lac Debo, dans le delta du Niger, résonne des bruits sourds du pilon. Pour les femmes, préparer le mil est un travail journalier. Les repas en dépendent.

Au sud du Sahara s'étend une région semi-aride nommée « le Sahel ». Elle traverse le Mali, le Niger, le Tchad et le Soudan. Son climat reste chaud et sec, mais l'aridité y est moins forte que dans le désert saharien. Une végétation de steppe, peu gourmande en eau, réussit à s'y développer. Pour les habitants de ces régions sub-sahariennes, cette différence est vitale. Elle permet de cultiver la terre et de faire pousser du mil, la principale culture chez ces peuples.

Cette céréale est en effet parfaitement adaptée à son environnement. Elle s'accommode d'un sol pauvre, supporte la chaleur et se contente d'une maigre ration d'eau... Elle constitue la base de l'alimentation au Sahel. Dans les villages, les femmes veillent au grain. Elles pilent le mil chaque jour, laissant lourdement retomber le pilon de bois dans un mortier. Avec la farine ainsi obtenue, elles cuisent des galettes et préparent des bouillies. Les animaux, eux, mangent les restes de paille. Quant aux enfants, ils participent aux travaux de la vie quotidienne, rendant de menus services et surveillant les plus petits.

La culture du mil, aux portes du désert, fait vivre les populations locales.

Volcan en noir et blanc.

Le feu de la terre a craché. De petits cratères ont pointé leur museau noir au cœur du massif du Tibesti. Un dépôt chimique a couvert le sol d'un tapis blanc comme neige.

La région du Tibesti, au nord du Tchad, se situe sur une faille volcanique dans l'écorce terrestre. Plusieurs éruptions s'y sont succédé au cours des millénaires. L'une d'elles a donné naissance à l'énorme caldeira du Trou au Natron. Ce cratère effondré d'un ancien volcan, d'environ 7 kilomètres de diamètre et 700 mètres de profondeur, daterait d'au moins 40 millions d'années… Plus tard, voilà 5 ou 7 millions d'années, le magma en fusion qui bouillonne au centre de la terre a refait surface au même endroit. Il a formé ces cônes de lave noire, sortes de chapeaux pointus plantés au cœur de la caldeira. Le magma est aussi très riche en carbonate naturel de sodium ou « natron », un sel qui a la propriété de retenir l'eau au point que les anciens Égyptiens en auraient utilisé pour déshydrater les momies avant de les embaumer. C'est ce sel qui, en refroidissant, a donné au sol sa blancheur neigeuse.

Ces volcans sont maintenant éteints. Mais le sous-sol dégage encore assez de chaleur pour alimenter des sources d'eau chaude. Les Toubous aiment se baigner dans cette région qui abrite les principaux reliefs volcaniques du Sahara, avec ceux du Hoggar, en Algérie.

Les nomades du Tibesti profitent des sources chaudes de cette région volcanique.

Ancienne cité caravanière de Ghadamès.

Ruelles désertes, terrasses à l'abandon. La cité marchande s'est endormie dans le silence. Le commerce caravanier à travers le Sahara n'a pas survécu aux temps modernes.

Au siècle dernier, la ville de Ghadamès était un port caravanier où les marchands qui traversaient le Sahara à dos de chameau venaient faire escale et vendre leurs biens. La cité contrôlait le commerce d'un bout à l'autre du désert, entre les marchés du Maghreb, au nord, et ceux du Soudan, en Afrique noire, au sud.

Au départ de Ghadamès, on expédiait des produits précieux, venus pour certains d'Europe ou d'Arabie : des étoffes de soie, des armes, des épices, du thé, des parfums, de l'encens... Au retour, on rapportait les richesses du continent noir : du mil et des céréales, mais surtout des défenses d'éléphant en ivoire, des plumes d'autruche, de l'or, et même des esclaves... La colonisation du Sahara par les puissances européennes vers la fin du XIXe siècle, et la création des frontières entre les différents États, ont peu à peu ruiné cette économie, car les nomades ont eu à franchir des postes de douane et à payer des taxes sur leurs marchandises.

Autrefois, seuls les hommes exerçaient la profession de commerçants à Ghadamès. Les femmes musulmanes n'avaient pas le droit de sortir dans la rue. Mais elles profitaient des toits en terrasses, qui forment un véritable labyrinthe, pour circuler d'une maison à l'autre.

Aujourd'hui vidée de ses habitants et transformée en ville-musée, Ghadamès est inscrite au patrimoine mondial de l'Unesco.

La cité caravanière de Ghadamès abritait jadis des marchés colorés.

Sur la piste des Bororos.

C'est tout un déménagement ! Au début de la saison des pluies, en juillet, les Bororos se mettent en route vers les pâturages qui vont reverdir. Ils voyagent en famille.

Avec les premières pluies, les Peuls Bororos se dirigent vers la région d'Ingal, dans le nord du Niger, là où l'herbe va reverdir. La terre y est naturellement salée. L'herbe des pâturages également. Elle puise dans le sol des sels minéraux indispensables à la santé des troupeaux. Ce voyage s'appelle d'ailleurs « la cure salée ».

Cette famille transporte tous ses biens. Elle possède peu de choses, le strict nécessaire : des nattes pour s'allonger et dormir, quelques instruments de cuisine, un mortier pour piler le mil et des bidons en plastique pour conserver l'eau… Arrivés au campement, femmes et enfants descendent de leur âne pour se mettre aussitôt au travail. Il faut construire le « stuudu » pour la nuit. C'est un abri de branchages transporté en pièces détachées dans les bagages. Les femmes le montent et le démontent à chaque halte. Les Bororos lèvent le camp environ tous les deux jours.

Les Bororos semi-nomades se déplacent avec leur tente et tous leurs animaux.

Parures et artisanat touaregs.

Une selle de dromadaire, une épée dans son fourreau, des sacoches en cuir… Ces objets, fabriqués et décorés à la main, se distinguent par leur élégance. Les Touaregs sont des artisans très habiles.

Pour voyager au Sahara, les Touaregs ont besoin d'un petit sac où ranger leur argent et les amulettes qui portent bonheur. Il leur faut aussi des sandales pour marcher dans le sable, un fourreau pour l'épée qu'ils continuent de porter en mémoire de leur passé guerrier et une selle pour monter à dos de chameau… Ces objets usuels, que les nomades utilisent chaque jour, sont confectionnés en peau de vache ou de chèvre par des artisans locaux.

Ces artisans travaillent également le bois. Ils le taillent avec une petite hache appelée « herminette » et fabriquent les ustensiles de la vie quotidienne : des bols, des louches, des cuillères, des manches de couteau et même des poulies pour remonter l'eau du puits. Les forgerons, eux, sont spécialisés dans le travail des métaux : le cuivre, l'argent ou l'acier. Ils façonnent des lames à double tranchant pour les chefs touaregs et de lourds bijoux pour leurs femmes. Au fil des siècles, ce peuple a ainsi développé un art très perfectionné, unique au Sahara.

Les Touaregs sont de remarquables artisans et tissent, par exemple, de belles couvertures.

Récolte du sel.

Ces trous d'eau permettent de récolter par évaporation le sel qui s'y trouve. Les salines de Teguidda-n-Tesemt, au pied du massif de l'Aïr, comptent parmi les dernières en activité au Sahara.

Le sous-sol des salines de Teguidda-n-Tesemt contient de l'eau saumâtre, donc salée. C'est un résidu de la mer qui recouvrait le Sahara à l'ère secondaire. Les employés qui travaillent ici sont des « sauniers », chargés de récupérer le sel. Leur méthode ? Faire s'évaporer l'eau sous l'effet du soleil. Les cristaux de sodium se déposent alors en fine pellicule blanche sur les parois des alvéoles. Le sel est ensuite stocké sous forme de « pain » dans des moules en terre cuite, coniques et pointus. Cet emballage permet son transport. Achetés par des marchands, les pains de sel traversent le désert à dos de chameau, en caravane, vers les marchés de Bilma (au Niger) ou de Tombouctou (au Mali).

Le sel est essentiel dans l'alimentation, car il fixe l'eau dans le corps et contient des « oligoéléments », indispensables à la vie des hommes et des bêtes. Le sel du Niger, de qualité médiocre, est réservé au bétail.

Le transport du sel s'effectue encore en caravane.

Étonnante diversité du sable.

On dirait la mer avec ses vagues, ses courants et ses reflets changeants. Comme elle, les sables colorés du massif de l'Adrar sont caressés et façonnés par le vent, l'architecte du désert.

« Qui a créé le désert ? » À cette question, le vent aurait répondu : « Moi ! » avant de se remettre au travail. Il s'agit bien sûr d'une légende. Mais elle illustre l'importance de l'action du vent dans la « fabrication » du sable.

Le vent est un ouvrier infatigable qui s'attaque depuis des millénaires aux reliefs du Sahara, composés de roches plus ou moins dures. Granites et grès s'érodent et s'effritent sous son souffle incessant. Peu à peu, les pierres s'usent. Elles se transforment en une poudre composée d'une quantité infinie de cristaux de quartz appelés « grains de sable ».

Tous les grains de sable ont l'air de se ressembler. En réalité, ils prennent des formes et des teintes différentes selon la nature de la roche qui leur a donné naissance. Un grain de sable peut être léger ou dense, rond, sphérique ou triangulaire. Sa surface regardée à la loupe est tantôt mate et granuleuse, tantôt brillante et polie. Sa couleur change également : blanche, jaune, ocre, rose, rouge… Cette palette délicate contribue à la magie du désert.

Dans le désert, le vent joue un rôle important dans la formation du sable.

Au rythme lent des dromadaires.

La caravane s'ébranle. Les dromadaires marcheront jusqu'au coucher du soleil d'un pas lent et régulier. Ces animaux sont les seuls capables de naviguer dans le désert.

Le « chameau » du Sahara est un dromadaire, avec une seule bosse sur le dos. Ici, tout le monde le sait, mais chacun continue de l'appeler « chameau ».

S'il existe un animal programmé pour le désert, c'est bien le dromadaire. Sa résistance est à toute épreuve. Herbivore, il affectionne les épines et les branches d'acacia, mais sa sobriété lui permet de rester jusqu'à trois semaines sans boire ni manger. Il prend ses précautions avant le départ et remplit sa bosse de graisse. Il puisera ensuite dans cette réserve durant tout le voyage. Il parcourt en moyenne 4 ou 5 kilomètres à l'heure et peut « avaler » 800 kilomètres en quinze jours avec une charge de 150 kilos ! Sa démarche caractéristique, pesante et chaloupée dans l'océan des sables, justifie son surnom de « vaisseau du désert ».

Les grandes caravanes chargées de marchandises, essentiellement du sel aujourd'hui, réunissent jusqu'à cent bêtes sous l'autorité d'une dizaine de chameliers. Elles sont souvent remplacées par des convois de camions, plus rapides mais plus polluants.

Les dromadaires, surnommés les « vaisseaux du désert », sont de vraies bêtes de somme.

Féeriques sculptures de craie.

Est-ce un parasol ? Un champignon de pierre ? Un Roi mage ? Ou un fantôme ? Les sculptures naturelles du désert Blanc, en Égypte, défient l'imagination.

La nature est un artiste audacieux et patient. Il lui a fallu des siècles pour réaliser des sculptures aussi étonnantes que celles qu'elle expose dans le désert Blanc, un désert de craie. D'où son exceptionnelle couleur.

C'est le sable qui fait le travail. Soulevé et projeté par le vent, il s'attaque à la craie (une roche sédimentaire friable) et agit comme une poudre abrasive. Chaque grain de quartz se transforme alors en une petite dent qui mord et grignote. Peu à peu, la roche s'use. Mais cette usure n'est pas uniforme. L'action du sable est plus forte au ras du sol qu'en hauteur. La base de la pierre s'amenuise davantage pour former, par exemple, le pied de cet étrange champignon avec son chapeau de travers. Ailleurs, ce phénomène peut donner naissance à des aiguilles ou à des arches qui sont de véritables ponts suspendus dans le désert. L'arche d'Aloba, au Tchad, mesure 80 mètres. Elle est la deuxième du monde pour sa hauteur.

L'arche d'Aloba, haute de 80 mètres, est l'une des plus grandes du monde.

Solide comme… l'acacia !

L'acacia a la peau dure ! Il s'accroche avec vaillance dans le sol pour déployer vers le ciel son feuillage plus ou moins abondant en fonction de l'eau dont il dispose. Lui aussi s'est plié aux exigences du Sahara.

Pas question pour un arbre du désert d'arborer un feuillage opulent, comme dans nos forêts verdoyantes. Les feuilles de cet acacia qui pousse dans la région de Sendégué, au Mali, défient la chaleur. Elles sont petites et hérissées d'épines pour limiter la surface exposée au soleil. Elles sont aussi vernissées, couvertes d'une protection végétale qui lutte contre l'évaporation de l'eau en la retenant prisonnière. Quant aux racines, elles s'enfoncent très profondément dans la terre, jusqu'à plus de 30 mètres, pour y puiser la moindre trace d'humidité. Toute la végétation susceptible de pousser au Sahara, jusqu'à la moindre touffe d'herbe, a développé des systèmes semblables de survie.

Ainsi équipé, l'acacia réussit à s'installer dans les endroits les plus hostiles, où il sert parfois de point de repère. C'était le cas au Niger pour l'« arbre du Ténéré », seul arbre présent dans cette région. Il se dressait sur la piste au milieu du désert et figurait depuis longtemps sur les cartes, tel un poteau indicateur. Jusqu'au jour où un chauffeur de camion a oublié de freiner à son approche. Le vieil arbre a été déraciné dans la collision. Son tronc est aujourd'hui conservé au musée de Niamey, la capitale.

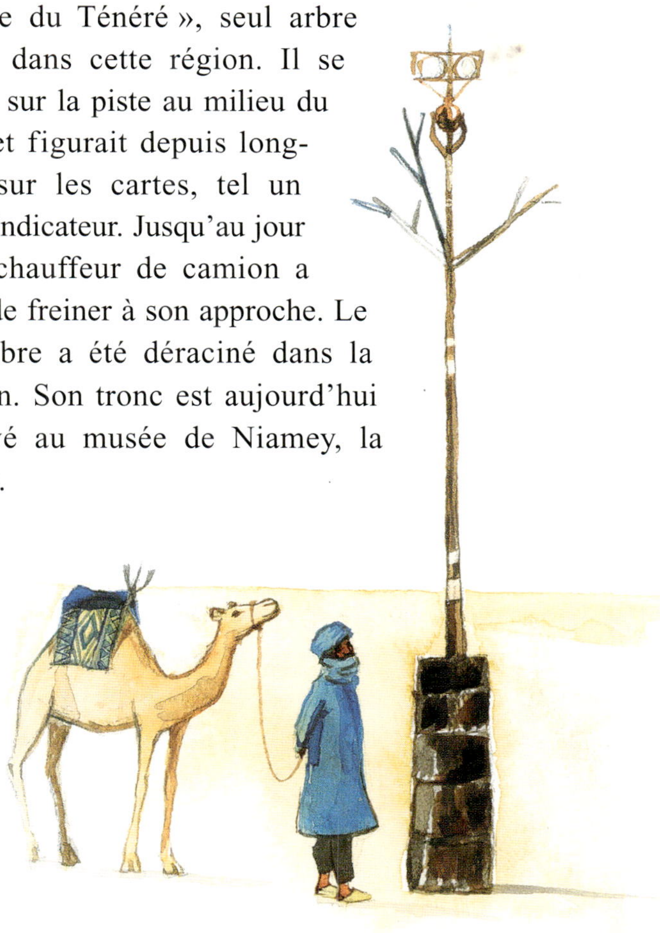

Un repère en métal remplace à présent l'arbre du Ténéré, déraciné par un camion.